Janika Siegle

Die große bunte Liederfibel

Johannes Grüger

Patmos

© 1986 Patmos Verlag, Düsseldorf
Alle Rechte vorbehalten, auch auszugsweise.
5. Auflage 1996

Druck und Bindung: Parzeller & Co., Fulda

ISBN 3-491-37217-8

„Die große bunte Liederfibel" umfaßt die beiden auch als
Einzelbände erschienenen Titel „Die neue Liederfibel" und
„Die Liederfibel Kunterbunt" und wurde außerdem um die
Bildergeschichte „So entstand die Liederfibel" erweitert.

Als fröhliche Kinder mit Luftballons tanzen die Töne über die Seiten oder hüpfen als Vögel von Zaun zu Zaun oder leuchten als Sterne vom dunkelblauen Himmel. Noten als lustige Bilder werden zur Melodie, lassen Kinder spielerisch „vom Blatt" singen und sind das Erfolgsrezept der Liederfibel seit dem Jahr 1926.

Für „Die neue Liederfibel" und „Die Liederfibel Kunterbunt" hat Johannes Grüger alle Strophen der Lieder zusätzlich illustriert. Mit viel Humor und einem herrlichen Einfallsreichtum machte er die Liederfibeln zu Lieder-Bilder-Büchern. Der Künstler erhielt dafür viel Lob.

Am meisten freute ihn ein Kinderbrief:

„Lieber Maler, Dein Buch hat mir gut gefallen . . ."

So entstand die Liederfibel

Im Jahre 1926 stand der junge Musiklehrer Heribert Grüger vor seiner Klasse und gab sich große Mühe, seinen Schülern das Notenlesen beizubringen. Er schrieb ein lustiges Lied an die Tafel: „Hopp, hopp, hopp! Pferdchen lauf Galopp!"

Aber bald merkte er, daß dies die Kinder überhaupt nicht interessierte. Sie trieben nur Unfug hinter seinem Rücken.

Hopp hopp hopp! Pferdchen lauf Galopp!

ü - ber Stock und über Stei - ne
a - ber brich dir nicht die Bei - ne

hopp hopp hopp hopp hopp Pferdchen lauf Galopp!

Da wischte er kurzentschlossen alles wieder weg
und malte mit farbiger Kreide statt Noten Pferdchen
auf die Tafel.

Nun wurde es plötzlich still im Zimmer. Wie gebannt
schauten die Kinder zu, wie ein Pferdchen nach
dem anderen entstand.
Und als Heribert Grüger fertig war, sangen sie alle
begeistert:
Hopp, hopp, hopp! Pferdchen lauf Galopp!"

Als die Stunde zu Ende war, rannte der Lehrer nach Hause. Dort rief er seinem Bruder Johannes, dem Maler, zu: „Mensch, Johannes, ich habe eine Idee! Wir machen zusammen ein Bilderbuch. Wir machen eine Liederfibel!"

Bruder Johannes setzte sich an den großen Zeichentisch, malte im Auf
und Ab der Melodie Pferdchen und zeichnete die Noten, während Heribert
Grüger weitere Lieder aussuchte und einrichtete.
Und Johannes Grüger malte Vögel, Hampelmänner, Blumen, Bienen, Pilze,
Sterne, Engel, Schneemänner – bis
achtzehn Lieder Bildernoten hatten.
Das war die Geburtsstunde der Liederfibel.

Froh zu sein

Kanon zu 2 – 4 Stimmen

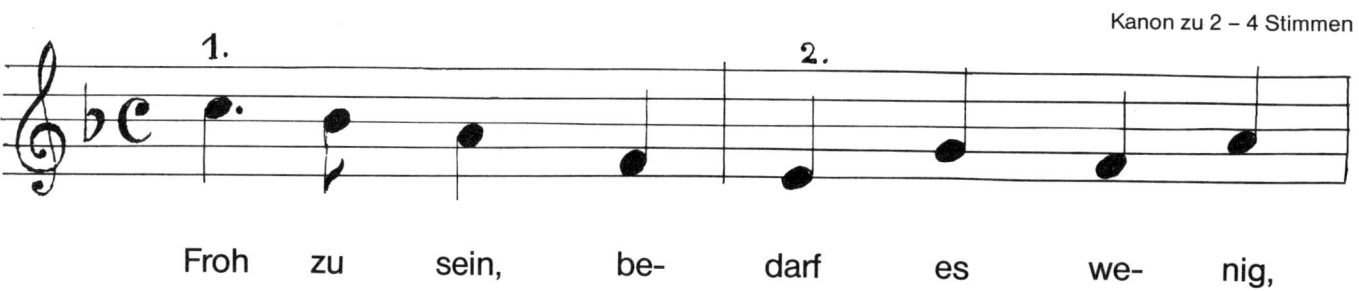

Froh   zu   sein,   be-   darf   es   we-   nig,

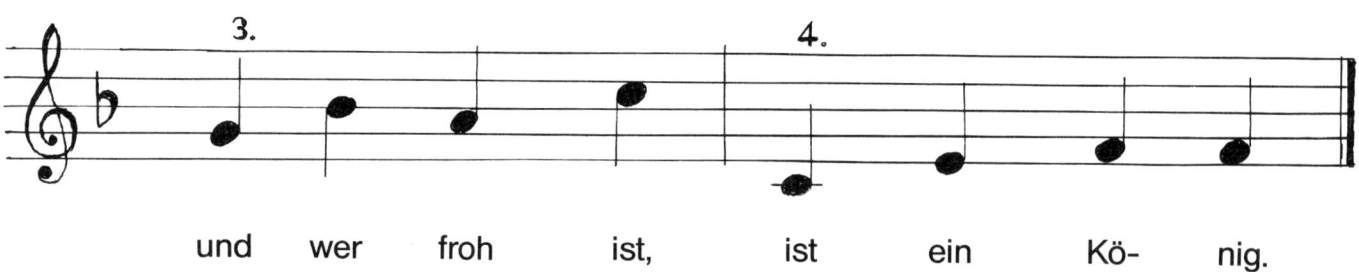

und   wer   froh   ist,   ist   ein   Kö-   nig.

Text und Musik: August Mühling (1746 – 1847)

8

Froh zu sein, be- darf es we- nig,

und wer froh ist, ist ein Kö- nig.

Wir sind die Musikanten

Wir sind die Mu- si- kan- ten und komm'n aus Schwa-ben-land,

wir sind die Mu- si- kan- ten und komm'n aus Schwa-ben-land.

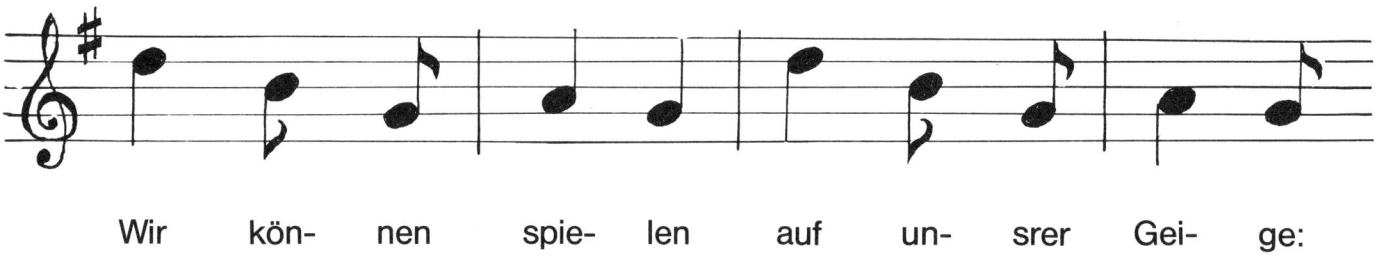

Wir kön- nen spie- len auf un- srer Gei- ge:

Sim- sim- se- rim, sim- sim- se- rim, sim- sim- se- rim, sim-sim.

Wir sind die Mu- si- kan- ten und komm'n aus Schwa- ben- land,

wir sind die Mu- si- kan- ten und komm'n aus Schwa- ben- land.

Wir kön- nen spie- len auf un- srer Gei- ge:

Sim-sim-se-rim, sim-sim-se-rim, sim-sim-se-rim, sim- sim.

Wir können spielen
auf unsrer Flöte:
Tülü-tütü, tülü-tütü,
tülü-tütü, tülü.

Wir können spielen
auf der Trompete:
tätä-terä, tätä-terä,
tätäterä-tätä.

Wir können spielen
auf der Posaune:
Posau-popo-posau-popo,
posau-popo, posau.

Wir können schlagen
auf unsrer Trommel:
Durum-dumdum, durum-dumdum,
durum-dumdum, durum.

Grün, grün, grün sind alle meine Kleider

aus der Mark Brandenburg

Grün, grün, grün sind al-le mei-ne Klei- der,

grün, grün, grün ist al-les, was ich hab'.

Dar- um lieb' ich al-les, was so grün ist,

weil mein Schatz ein Jä- ger, Jä- ger ist.

Grün, grün, grün sind al- le mei- ne Klei- der,
grün, grün, grün ist al- les, was ich hab'.

Dar- um lieb' ich al- les, was so grün ist,

weil mein Schatz ein Jä- ger, Jä- ger ist.

Blau, blau, blau sind alle meine Kleider,
blau, blau, blau ist alles, was ich hab';
darum lieb ich alles, was so blau ist,
weil mein Schatz ein Seemann, Seemann ist.

Weiß, weiß, weiß sind alle meine Kleider,
weiß, weiß, weiß ist alles, was ich hab';
darum lieb ich alles, was so weiß ist,
weil mein Schatz ein Bäcker, Bäcker ist.

Schwarz, schwarz, schwarz sind alle meine Kleider,
schwarz, schwarz, schwarz ist alles, was ich hab';
darum lieb ich alles, was so schwarz ist,
weil mein Schatz ein Schornsteinfeger ist.

Bunt, bunt, bunt sind alle meine Kleider,
bunt, bunt, bunt ist alles, was ich hab';
darum lieb ich alles, was so bunt ist,
weil mein Schatz ein Maler, Maler ist.

Drei Japanesen mit dem Kontrabaß

Volkstümliche Weise

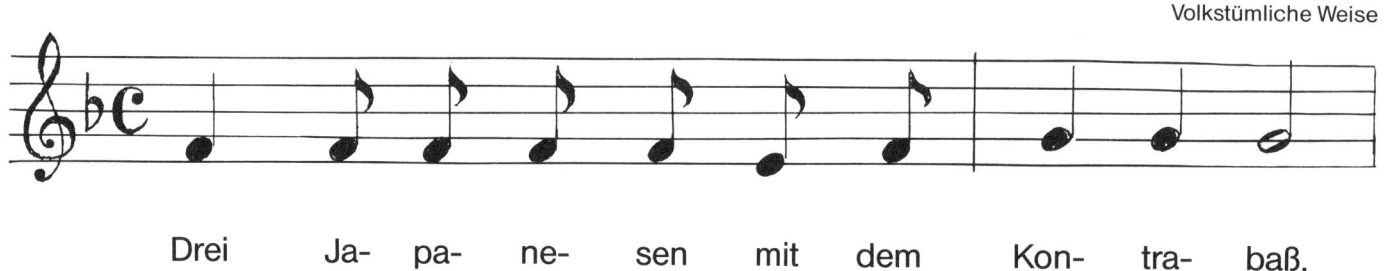

Drei Ja- pa- ne- sen mit dem Kon- tra- baß,

sa- ßen auf der Stra- ße und er- zähl- ten sich was.

Kam ein Po- li- zist: „Ja, was ist denn das?"

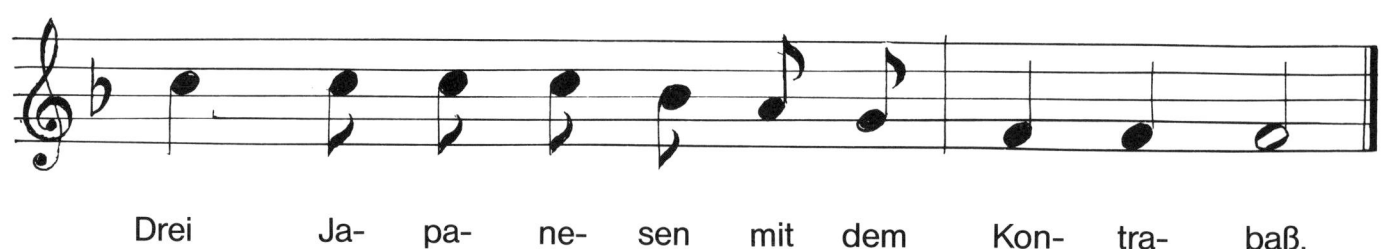

Drei Ja- pa- ne- sen mit dem Kon- tra- baß.

Drei   Ja-   pa-   ne-   sen   mit   dem   Kon-   tra-   baß,

sa-   ßen   auf   der   Stra-   ße   und   er-   zähl-   ten   sich   was.

Kam   ein   Po-   li-   zist: „Ja,   was   ist   denn   das?"

Drei   Ja-   pa-   ne-   sen   mit   dem   Kon-   tra-   baß.

Dra Japanasan mat dam Kantrabaß,
saßan af dar Straßa and arzahltan sach was.
Kam an Palazast: „Ja, was ast dann das?"
„Dra Japanasan mat dam Kantrabaß."

Dre Jepenesen met dem Kentrebeß,
seßen ef der Streße end erzehlten sech wes.
Kem en Pelezest: „Je, wes est denn des?"
„Dre Jepenesen met dem Kentrebeß."

Dri Jipinisin mit dim Kintribiß,
sißin if dir Strißi ind irzihltin sich wis.
Kim in Pilizist: „Ji, wis ist dinn dis?"
„Dri Jipinisin mit dim Kintribiß."

Dro Joponoson mot dom Kontroboß,
soßon of dor Stroßo ond orzohlton soch wos.
Kom on Polozost: „Jo, wos ost donn dos?"
„Dro Joponoson mot dom Kontroboß."

Dru Jupunusun mut dum Kuntrubuß,
sußun uf dur Strußu und urzuhltun such wus.
Kum un Puluzust: „Ju, wus ust dunn dus?"
„Dru Jupunusun mut dum Kuntrubuß."

Drau Jaupaunausaun maut daum Kauntraubauß,
saußaun auf daur Straußau aund aurzauhltaun sauch waus.
Kaum aun Paulauzaust: „Jau, waus aust daunn daus?"
„Drau Jaupaunausaun maut daum Kauntraubauß."

Drei Jeipeineisein meit deim Keintreibeiß,
seißein eif deir Streißei eind eirzeihltein seich weis.
Keim ein Peileizeist: „Jei, weis eist deinn deis?"
„Drei Jeipeineisein meit deim Keintreibeiß."

Dreu Jeupeuneuseun meut deum Keuntreubeuß,
seußeun euf deur Streußeu eund eurzeuhlteun seuch weus.
Keum eun Peuleuzeust: „Jeu, weus eust deunn deus?"
„Dreu Jeupeuneuseun meut deum Keuntreubeuß."

Wer will fleißige Handwerker sehn?

Volkstümliche Weise

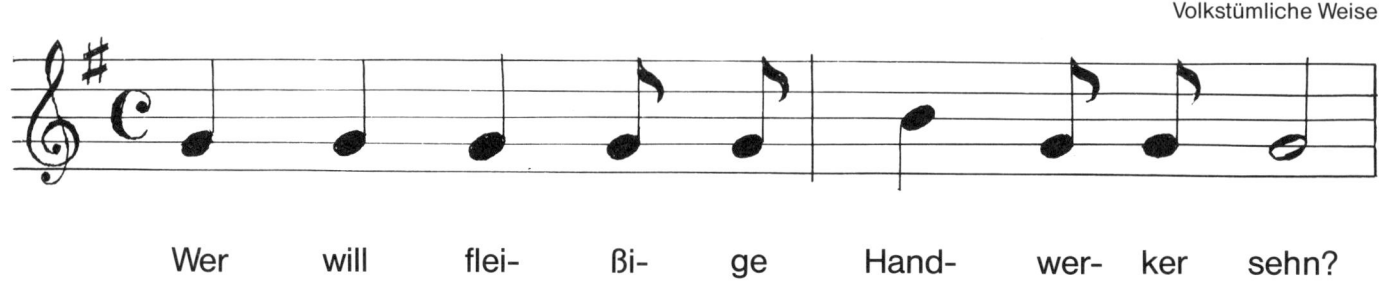

Wer will flei- ßi- ge Hand- wer- ker sehn?

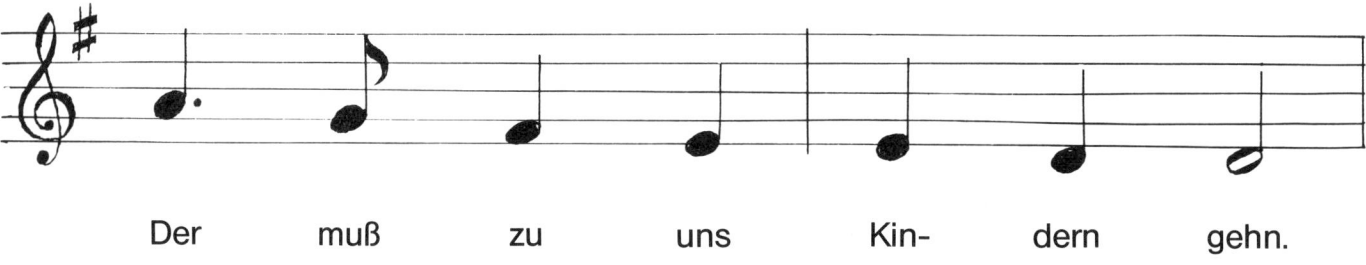

Der muß zu uns Kin- dern gehn.

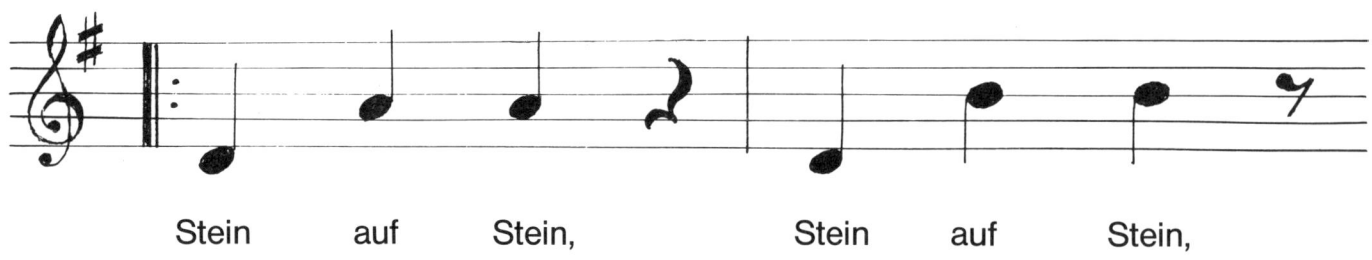

Stein auf Stein, Stein auf Stein,

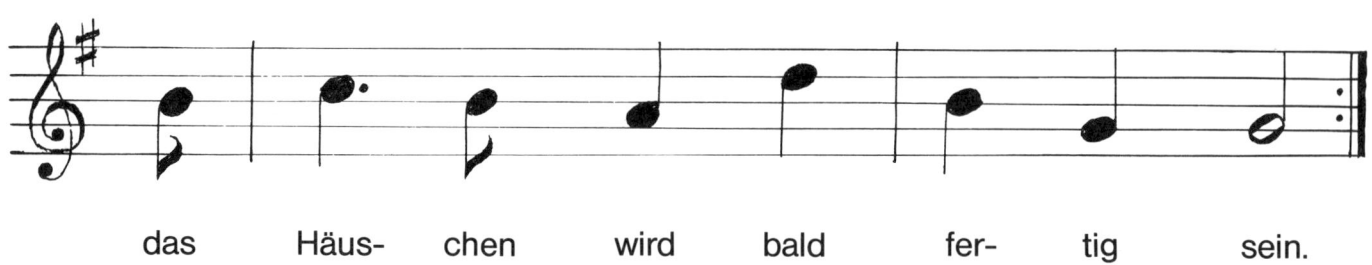

das Häus- chen wird bald fer- tig sein.

Wer will flei- ßi- ge Hand- wer- ker sehn?

Der muß zu uns Kin- dern gehn.

Stein auf Stein, Stein auf Stein,

das Häus- chen wird bald fer- tig sein.

O, wie fein,
o, wie fein,
der Glaser setzt
die Scheiben ein.

Tauchet ein,
tauchet ein,
der Maler streicht
die Wände fein.

Zisch, zisch, zisch,
zisch, zisch, zisch,
der Tischler hobelt
glatt den Tisch.

Trapp, trapp, drein,
trapp, trapp, drein,
jetzt geh'n wir
von der Arbeit heim.

Poch, poch, poch,
poch, poch, poch,
der Schuster schustert zu
das Loch.

Stich, stich, stich,
stich, stich stich,
der Schneider näht
ein Kleid für mich.

Rühre ein,
rühre ein,
der Kuchen wird bald
fertig sein.

Hopp, hopp, hopp,
hopp, hopp, hopp,
jetzt tanzen alle
im Galopp.

Tanz, tanz, Quieselchen

aus der Gegend um Aachen

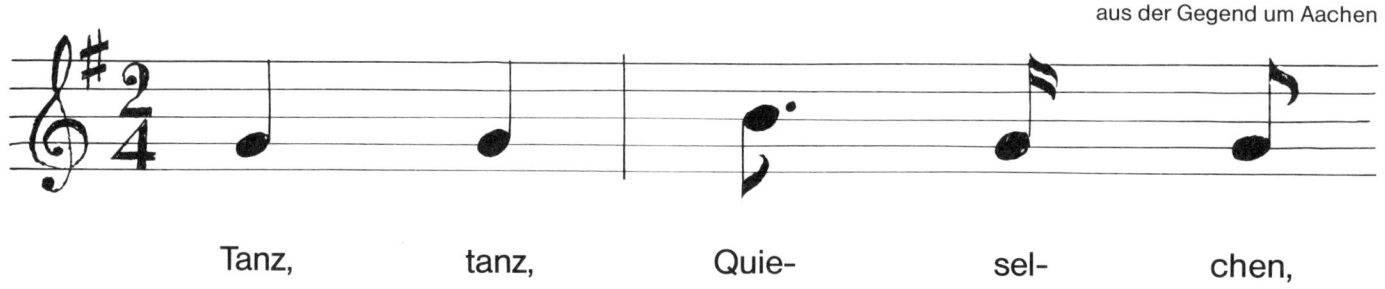

Tanz,   tanz,   Quie-   sel-   chen,

ich   schenk   dir   auch   ein   Ei.

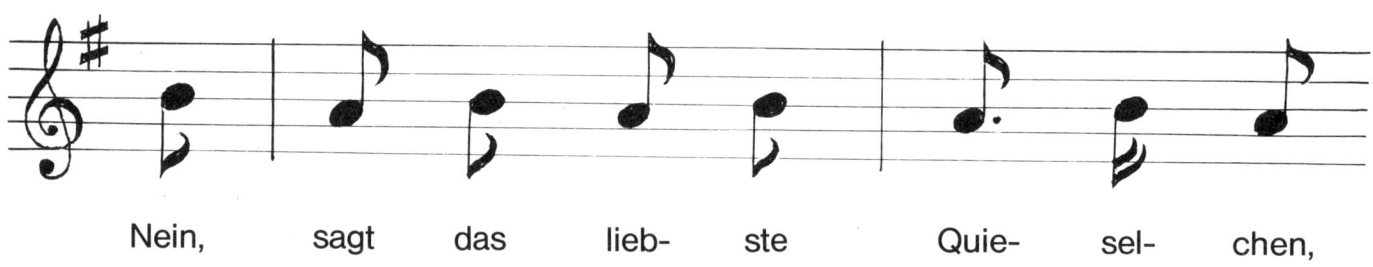

Nein,   sagt   das   lieb-   ste   Quie-   sel-   chen,

ich   tanz   auch   nicht   für   zwei.

Tanz,   tanz,   Quie-   sel-   chen,

ich   schenk   dir   auch   ein   Ei.

Nein,   sagt   das   lieb-   ste   Quie-   sel-   chen,

ich   tanz   auch   nicht   für   zwei.

Tanz, tanz, Quieselchen,
dann schenk ich dir ein Pferd!
Nein, sagt das liebste Quieselchen,
das Pferd ist mir nichts wert.

Tanz, tanz, Quieselchen,
dann schenk ich dir 'ne Kuh!
Nein, sagt das liebste Quieselchen,
Laß mich damit in Ruh'!

Tanz, tanz, Quieselchen,
dann schenk ich dir ein Haus!
Nein, sagt das liebste Quieselchen,
da mach' ich mir nichts draus.

Tanz, tanz, Quieselchen,
dann schenk ich dir 'nen Mann!
Ja, sagt das liebste Quieselchen,

dann tanz ich, was ich   kann.

Alle Vögel sind schon da

Volkstümliche Weise

Al- le Vö- gel sind schon da, al- le Vö- gel, al- le!

Welch ein Sin- gen, Mu- si- ziern,

Pfei- fen, Zwi- tschern, Ti- ri- liern!

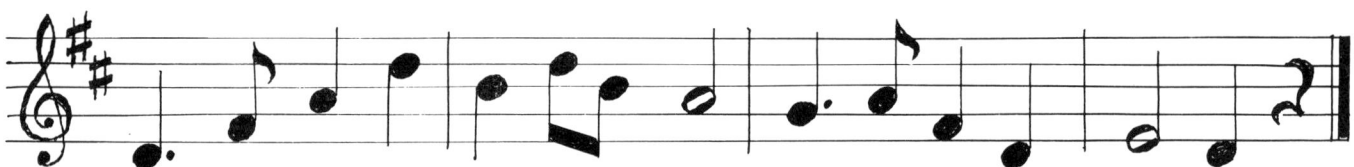

Früh- ling will nun ein- mar- schiern, kommt mit Sang und Schal- le.

Text: Hoffmann von Fallersleben.

Al- le Vö- gel sind schon da, al- le Vö- gel, al- le!

Welch ein Sin- gen, Mu- si- ziern,
Pfei- fen, Zwi- tschern, Ti- ri- liern!

rüh- ling will nun ein- mar- schiern, kommt mit Sang und Schal- le.

Wie sie alle lustig sind, flink und froh sich regen!
Amsel, Drossel, Fink und Star und die ganze Vogelschar
wünschen uns ein frohes Jahr, lauter Heil und Segen.

Was sie uns verkünden nun, nehmen wir zu Herzen.
Wir auch wollen lustig sein, lustig wie die Vögelein,
hier und dort, feldaus, feldein, singen, springen, scherzen.

Zehn Bi-ba-butzelchen

Zehn Bi- ba- but- zel- chen tanz- ten auf 'ner Scheun,

ei- ner fiel und konnt' nicht mehr, da war'n es nur noch neun.

Zehn Bi- ba- but- zel- chen tanz- ten auf 'ner Scheun,

ei- ner fiel und konnt' nicht mehr, da war'n es nur noch neun.

Neun Bi-ba-butzelchen gingen auf die Jagd, einen holt der Elefant, da war'n es nur noch acht.

Acht Bi-ba-butzelchen wollten Kegel schieben, einer hatte keine Lust, da war'n es nur noch sieben.

Sieben Bi-ba-butzelchen neckten eine Hex', einen packte sie davon, da war'n es nur noch sechs.

Sechs Bi-ba-butzelchen gingen ohne Strümpf, einer kriegte den Katarrh, da war'n es nur noch fünf.

Fünf Bi-ba-butzelchen saßen einst beim Bier, einer trank zuviel davon, da war'n es nur noch vier.

Vier Bi-ba-butzelchen aßen einen Brei, einer aß sich krank dabei, da war'n es nur noch drei.

Drei Bi-ba-butzelchen fuhrn in die Türkei, einen traf der Sonnenstich, da war'n es nur noch zwei.

Zwei Bi-ba-butzelchen fingen an zu weinen, einer hat sich totgeweint, da gab es nur noch einen.

Ein Bi-ba-butzelchen mocht' allein nicht sein, nahm 'ne Frau und zog sich auf zehn Bi-ba-butzelein.

Ein Schneider fing 'ne Maus

Volkstümliches Kinderlied

Ein Schnei- der fing 'ne Maus. Ein Schnei- der fing 'ne Maus.

Ein Schnei- der fing 'ne Mi- a- mi- a- mau- se- maus.

Ein   Schnei- der   fing   'ne Maus.   Ein   Schnei- der   fing   'ne Maus.

n Schnei- der fing 'ne Mi- a- mi- a- mau- se- maus.

Was macht er mit der Maus?
Was macht er mit der Maus?
Was macht er mit der Mia-mia-mausemaus?

Er zieht ihr ab das Fell.
Er zieht ihr ab das Fell.
Er zieht ihr ab das Mia-mia-mausefell.

Was macht er mit dem Fell?
Was macht er mit dem Fell?
Was macht er mit dem Mia-mia-mausefell?

Er näht sich einen Sack.
Er näht sich einen Sack.
Er näht sich einen Mia-mia-mausesack.

Was macht er mit dem Sack?
Was macht er mit dem Sack?
Was macht er mit dem Mia-mia-mausesack?

Er zählt darin sein Geld.
Er zählt darin sein Geld.
Er zählt darin sein Mia-mia-mausegeld.

Was macht er mit dem Geld?
Was macht er mit dem Geld?
Was macht er mit dem Mia-mia-mausegeld?

Er kauft sich einen Bock.
Er kauft sich einen Bock.
Er kauft sich einen Zia-zia-ziegenbock.

Was macht er mit dem Bock?
Was macht er mit dem Bock?
Was macht er mit dem Zia-zia-ziegenbock?

Er reitet im Galopp.
Er reitet im Galopp.
Er reitet in dem Zia-zia-ziegengalopp.

Widewidewenne

Volksweise

Wi- de- wi- de- wen- ne heißt mei- ne Putt- hen- ne.

Kann- nicht- ruhn heißt mein Huhn, Wak- kel- schwanz heißt meine Gans.

Wi- de- wi- de- wen- ne heißt mei- ne Putt- hen- ne.

Wi- de- wi- de- wen- ne heißt mei- ne Putt- hen- ne.

nn- nicht- ruhn heißt mein Huhn, Wak- kel- schwanz heißt meine Gans.

Wi- de- wi- de- wen- ne heißt mei- ne Putt- hen- ne.

Schwarzundweiß
heißt meine Geiß,

Dreibein so heißt mein Schwein.

Ehrenwert heißt mein Pferd,
Gute Muh heißt meine Kuh.

Wettermann heißt mein Hahn,

Kunterbunt heißt mein Hund.

Guckheraus heißt mein Haus,
Schlüpfhinaus heißt meine Maus.

Wohlgetan heißt mein Mann,
Sausewind heißt mein Kind.

Leberecht heißt mein Knecht,
Spatbetagt heißt meine Magd.
Widewidewenne . . .

Hänsel und Gretel

Kinderspiel

Hän- sel und Gre- tel ver- lie- fen sich im Wald.
Es war so fin- ster und auch so bit- ter kalt.

Sie ka- men an ein Häus-chen von Pfef- fer- ku- chen fein:

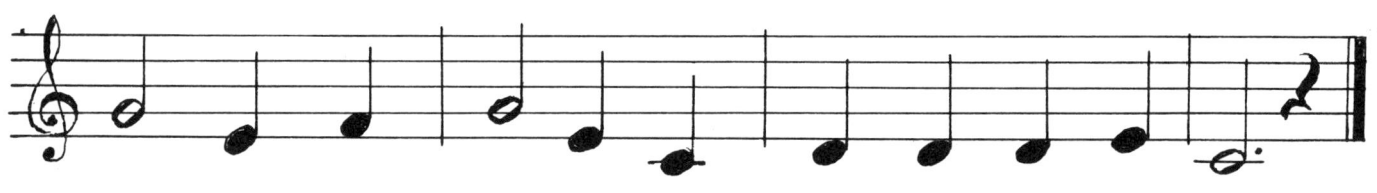

Wer mag der Herr wohl von die- sem Häus-chen sein?

| än- | sel | und | Gre- | tel | ver- | lie- | fen | sich | im | Wald. |
| s | war | so | fin- | ster | und | auch | so | bit- | ter | kalt. |

Sie ka- men an ein Häus- chen von Pfef- fer- ku- chen fein:

Wer mag der Herr wohl von die- sem Häus- chen sein?

Hu, hu, da schaut eine alte Hexe raus.
Sie lockt die Kinder ins Pfefferkuchenhaus.

Sie stellte sich gar freundlich, o Hänsel, welche Not!
Ihn wollt sie braten im Ofen braun wie Brot.

Doch als die Hexe zum Ofen schaut hinein,
ward sie gestoßen von unserm Gretelein.

Die Hexe mußte braten, die Kinder gehn nach Haus.
Nun ist das Märchen von Hans und Gretel aus.

Als die Schneider Jahr'stag hatten

Und als die Schnei- der Jahr's- tag hatten, da

war'n sie al- le froh. Da tanz- ten al-

le neu- -ne, ja neun- mal neun- mal

neu- -ne, auf ei- nem Hal- me Stroh.

Und als die Schnei- der Jahr's- tag hatten, da

ar'n sie al- le froh. Da tanz- ten al-

le neu- - ne, ja neun- mal neun- mal

neu- - ne, auf ei- nem Hal- me Stroh.

Und als sie so versammelt war'n, da brauchten sie viel Mut.
Da tranken alle neune, ja neunmal neunmal neune,
aus einem Fingerhut.

Und als sie an die Herberg kam'n, da konnten sie nicht rein.
Da krochen alle neune, ja neunmal neunmal neune,
zum Schlüsselloch hinein.

Und als sie glücklich drinnen war'n, da hielten sie einen Schmaus.
Da saßen alle neune, ja neunmal neunmal neune,
bei einer gebrat'nen Laus.

Und als sie nun gegessen hatt'n, da hielten sie einen Tanz.
Da tanzten alle neune, ja neunmal neunmal neune,
auf einem Ziegenschwanz.

Und als sie nun getanzet hatt'n, da waren alle froh.
Da schliefen alle neune, ja neunmal neunmal neune,
auf einem Halme Stroh.

Die Vogelhochzeit

Volksweise

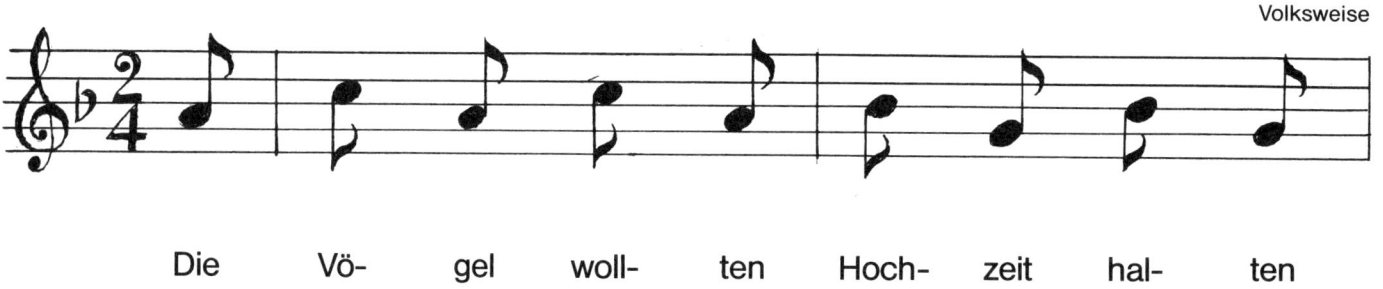

Die Vö- gel woll- ten Hoch- zeit hal- ten

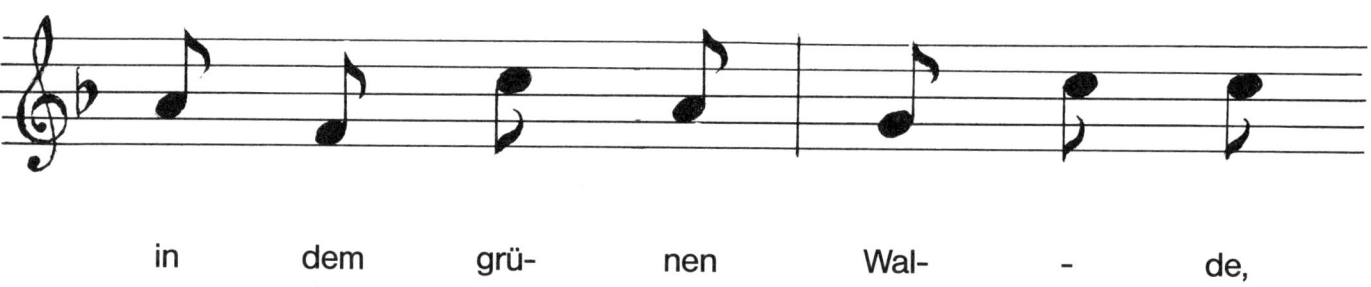

in dem grü- nen Wal- - de,

vi- de- ral- la- la, vi- de- ral- la- la, vi- de- ral- la- la- la- la.

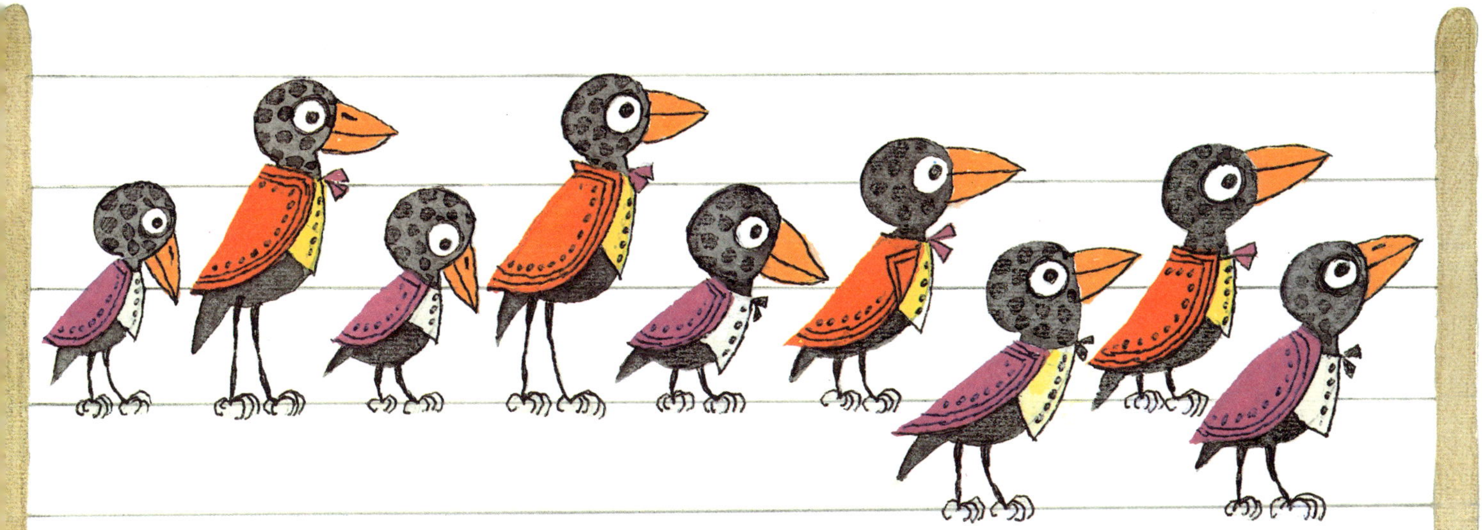

Die Vö- gel woll- ten Hoch- zeit hal- ten

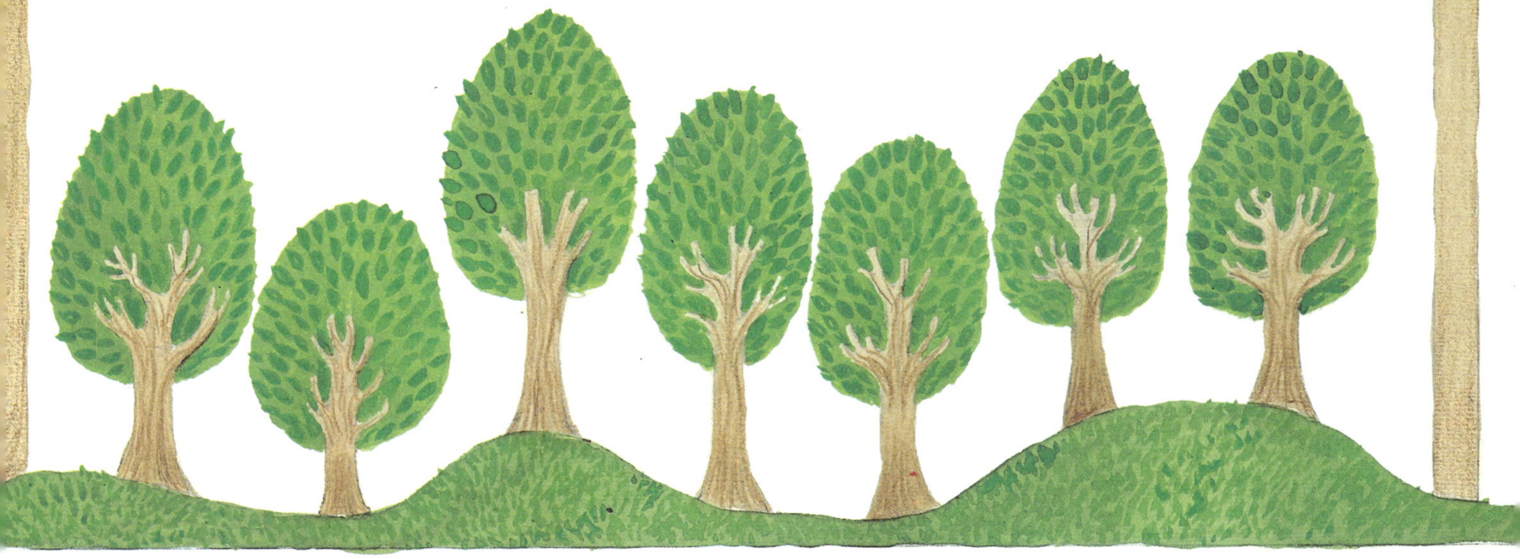

in dem grü- nen Wal- - de,

i- de- ral- la- la, vi- de- ral- la- la, vi- de- ral- la- la- la- la.

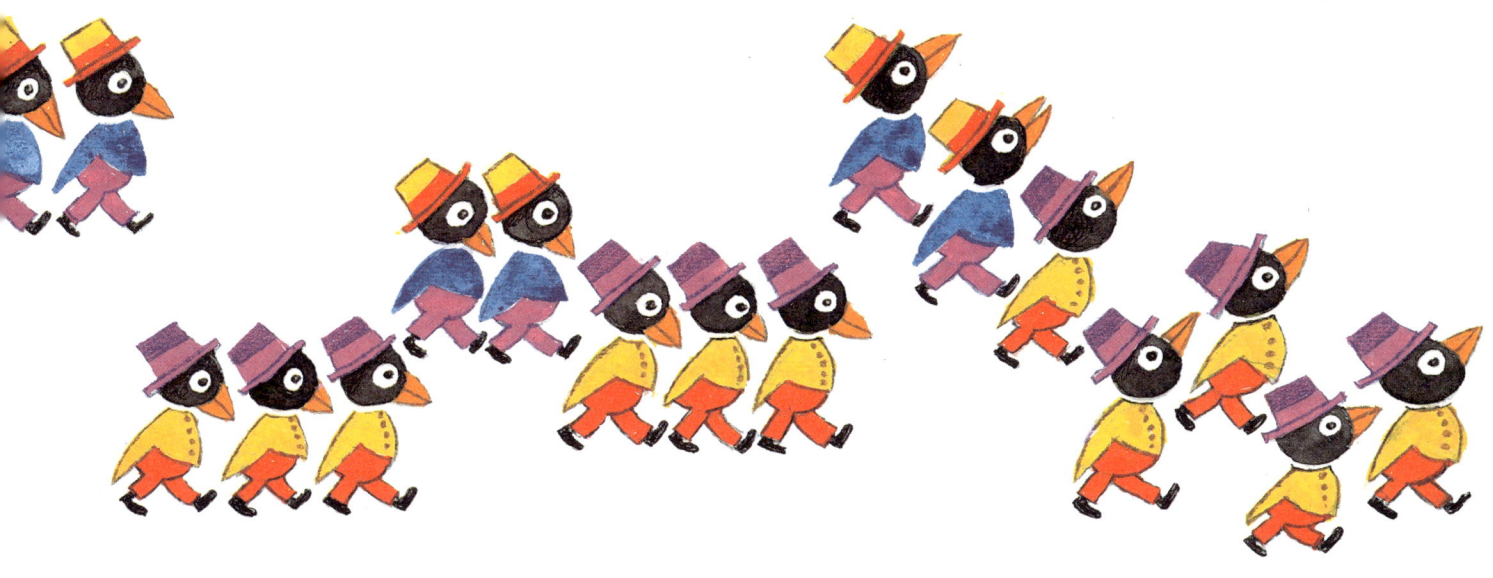

Die Nachtigall, sehr elegant, das war der Musje Bräutigam, videralala . . .
Die Amsel war die Braute, trug einen Kranz von Rauten, videralala . . .
Die Lerche, die Lerche, die führt die Braut zur Kerche, videralala . . .
Der Auerhahn, der Auerhahn, das war der würd'ge Herr Kaplan, videralala . . .

Der Pfau mit seinem stolzen Schwanz, der führt die Braut zum ersten Tanz, videralala . . .
Der Kiebitz, der Kiebitz, der macht so manchen dummen Witz, videralala . . .

Die Meise, die Meise, die singt das Kyrieleise, videralala . . .
Der Wiedehopf, der Wiedehopf, der schenkt der Braut ein'n Blumentopf, videralala . . .
Der Spatz, der kocht das Hochzeitsmahl, verzehrt die schönsten Bissen all, videralala . . .
Die Anten und die Ganten, das warn die Musikanten, videralala . . .

Brautmutter war die Eule, nahm Abschied mit Geheule, videralala . . .
Nun ist die Vogelhochzeit aus und alle fliegen froh nach Haus, videralala . . .

Die Blümelein, sie schlafen

Text und Musik: Wilhelm von Zuccalmaglio

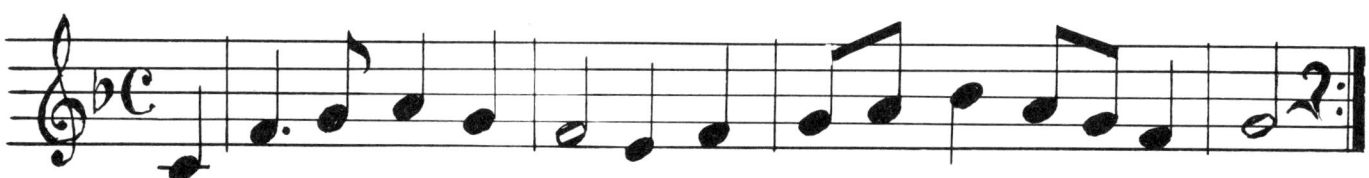

Die Blü- me- lein, sie schla- fen schon längst im Mon- den- schein.

Sie nik- ken mit dem Köpfchen auf ih- rem Sten- ge- lein.

Es schüt- telt sich der Blü- ten- baum und säu- selt wie im Traum:

Schla- fe, schla- fe, schlaf du, mein Kin- de- lein.

ie Blü- me- lein, sie schla- fen schon längst im Mon- den- schein.
ie nik- ken mit dem Köpf-chen auf ih- rem Sten- ge- lein.

Es schüt- telt sich der Blü- ten-baum und säu- selt wie im Traum:

Schla- fe, schla- fe, schlaf du, mein Kin- de- lein.

Die Vögelein, die sangen so süß im Sonnenschein.
Sie sind zur Ruh gegangen in ihre Nestchen klein.
Das Heimchen in dem Ährengrund, es tut allein sich kund:
Schlafe, schlafe, schlaf du, mein Kindelein.

Sandmännchen kommt geschlichen und blickt durchs Fensterlein,
ob irgend noch ein Liebes nicht mag zu Bette sein.
Und wo es noch ein Kindlein fand, streut es ins Aug ihm Sand.
Schlafe, schlafe, schlaf du, mein Kindelein.

Kräht der Hahn

Kräht der Hahn früh am Ta- ge, krä- het laut, krä- het

weit: Gu- ten Mor- gen, Rum-pel- pum- pel, dein Ge- burts- tag ist

heut. Gu- ten Mor- gen, Rum-pel- pum- pel, dein Ge- burts-tag ist heut.

räht der Hahn früh am Ta- ge, krä- het laut, krä- het

eit: Gu- ten Mor- gen, Rum- pel- pum- pel, dein Ge- burts- tag ist

eut. Gu- ten Mor- gen, Rum- pel- pum- pel, dein Ge-burts- tag ist heut.

Guckt das Eichhörnchen runter:
Wenig Zeit, wenig Zeit!
Guten Morgen, Rumpelpumpel,
dein Geburtstag ist heut.
Guten Morgen, Rumpelpumpel,
dein Geburtstag ist heut.

Kommt das Häschen gesprungen,
macht Männchen vor Freud:
Guten Morgen, Rumpelpumpel,
dein Geburtstag ist heut.
Guten Morgen, Rumpelpumpel,
dein Geburtstag ist heut.

Steht der Kuchen auf dem Tische,
macht sich dick, macht sich breit:
Guten Morgen, Rumpelpumpel,
dein Geburtstag ist heut.
Guten Morgen, Rumpelpumpel,
dein Geburtstag ist heut.

Und der Vater und Mutter,
alle Kinder, all' Leut schreien:
Hoch der Rumpelpumpel,
sein Geburtstag ist heut, schreien:
Hoch der Rumpelpumpel,
sein Geburtstag ist heut.

Dornröschen war ein schönes Kind

Kinderspiel

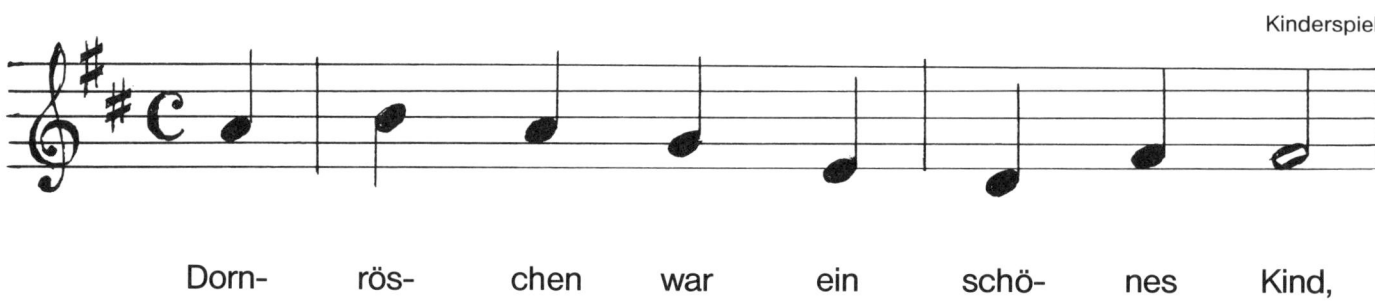

Dorn- rös- chen war ein schö- nes Kind,

schö- nes Kind, schö- nes Kind, Dorn- rös- chen war ein

schö- nes Kind, schö- nes Kind.

Dorn- rös- chen war ein schö- nes Kind,

schö- nes Kind, schö- nes Kind, Dorn- rös- chen war ein

schö- nes Kind, schö- nes Kind.

Dornröschen nimm dich ja in acht,
ja in acht, ja in acht, Dornröschen
nimm dich ja in acht, ja in acht.

Da kam die böse Fee herein,
Fee herein, Fee herein, da kam
die böse Fee herein, Fee herein.

Dornröschen schlafe hundert Jahr,
hundert Jahr, hundert Jahr, Dornröschen
schlafe hundert Jahr, hundert Jahr.

Da wuchs die Hecke riesengroß,
riesengroß, riesengroß, da wuchs
die Hecke riesengroß, riesengroß.

Da kam der junge Königssohn,
Königssohn, Königssohn, da kam
der junge Königssohn, Königssohn.

Dornröschen wache wieder auf,
wieder auf, wieder auf, Dornröschen
wache wieder auf, wieder auf.

Da feierten sie das Hochzeitsfest,
Hochzeitsfest, Hochzeitsfest, da feierten
sie das Hochzeitsfest, Hochzeitsfest.

Da jubelte das ganze Volk,
ganze Volk, ganze Volk, da jubelte
das ganze Volk, ganze Volk.

Die kleine Hex'

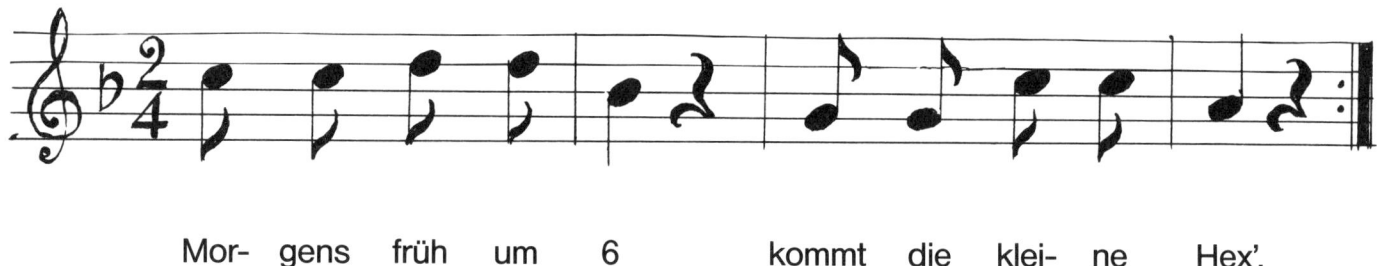

Mor- gens früh um 6 kommt die klei- ne Hex',

Frö- sche- bein und Krebs und Fisch. Hur- tig Kin- der, kommt zu Tisch!

Mor- gens früh um 6 kommt die klei- ne Hex',

Frö- sche- bein und Krebs und Fisch. Hur- tig Kin- der, kommt zu Tisch!

morgens früh um 7 schält sie gelbe Rüb'n,

morgens früh um 8 wird Kaffee gemacht,

morgens früh um 9 geht sie in die Scheun',

morgens früh um 10 holt sie Holz und Spän',

feuert an um 11, kocht dann bis um 12:

Fröschebein und Krebs und Fisch . . .

Weißt du, wieviel Sternlein stehen?

Volksweise

Weißt du, wie- viel Stern-lein ste- hen an dem blau- en Him-mels-zelt?

Weißt du, wie- viel Wol- ken ge- hen weit- hin ü- ber al- le Welt?

Gott der Herr hat sie ge- zäh- let,

daß ihm auch nicht ei- nes feh- let

an der gan- zen gro- ßen Zahl, an der gan- zen gro- ßen Zahl.

Text: W. Hey, 1789 – 1854

Veißt du, wie- viel Stern-lein ste- hen an dem blau- en Him-mels-zelt?
Veißt du, wie- viel Wol- ken ge- hen weit- hin ü- ber al- le Welt?

Gott der Herr hat sie ge- zäh- let,
daß ihm auch nicht ei- nes feh- let

an der gan- zen gro- ßen Zahl, an der gan- zen gro- ßen Zahl.

Weißt du, wieviel Mücklein spielen
in der heißen Sonnenglut,
wieviel Fischlein auch sich kühlen
in der hellen Wasserflut?
Gott der Herr rief sie mit Namen,
daß sie all ins Leben kamen,
daß sie nun so munter sind,
daß sie nun so munter sind.

Weißt du, wieviel Kinder frühe
steh'n aus ihren Bettlein auf,
daß sie ohne Sorg und Mühe
fröhlich sind im Tageslauf?
Gott im Himmel hat an allen
seine Lust, sein Wohlgefallen
kennt auch dich und hat dich lieb,
kennt auch dich und hat dich lieb.

Inhalt